AF244708

I 27n
22663

ORAISON FUNÈBRE

DE SA GRANDEUR

MGR PATRICE-FRANÇOIS-MARIE

CRUICE

Évêque de Marseille

PRONONCÉE LE 22 NOVEMBRE 1866

Dans l'Église de Saint-Martin (Cathédrale Provisoire)

PAR M. L'ABBÉ

L. GUIOL

Vicaire Général de Marseille.

PARIS

ADRIEN LE CLÈRE ET Ce, LIBRAIRES-ÉDITEURS

IMP. DE N. S. P. LE PAPE ET DE L'ARCHEVÊCHÉ DE PARIS

rue Cassette, 29, près Saint-Sulpice.

1866

Marseille. — Typ. Ve Marius Olive.

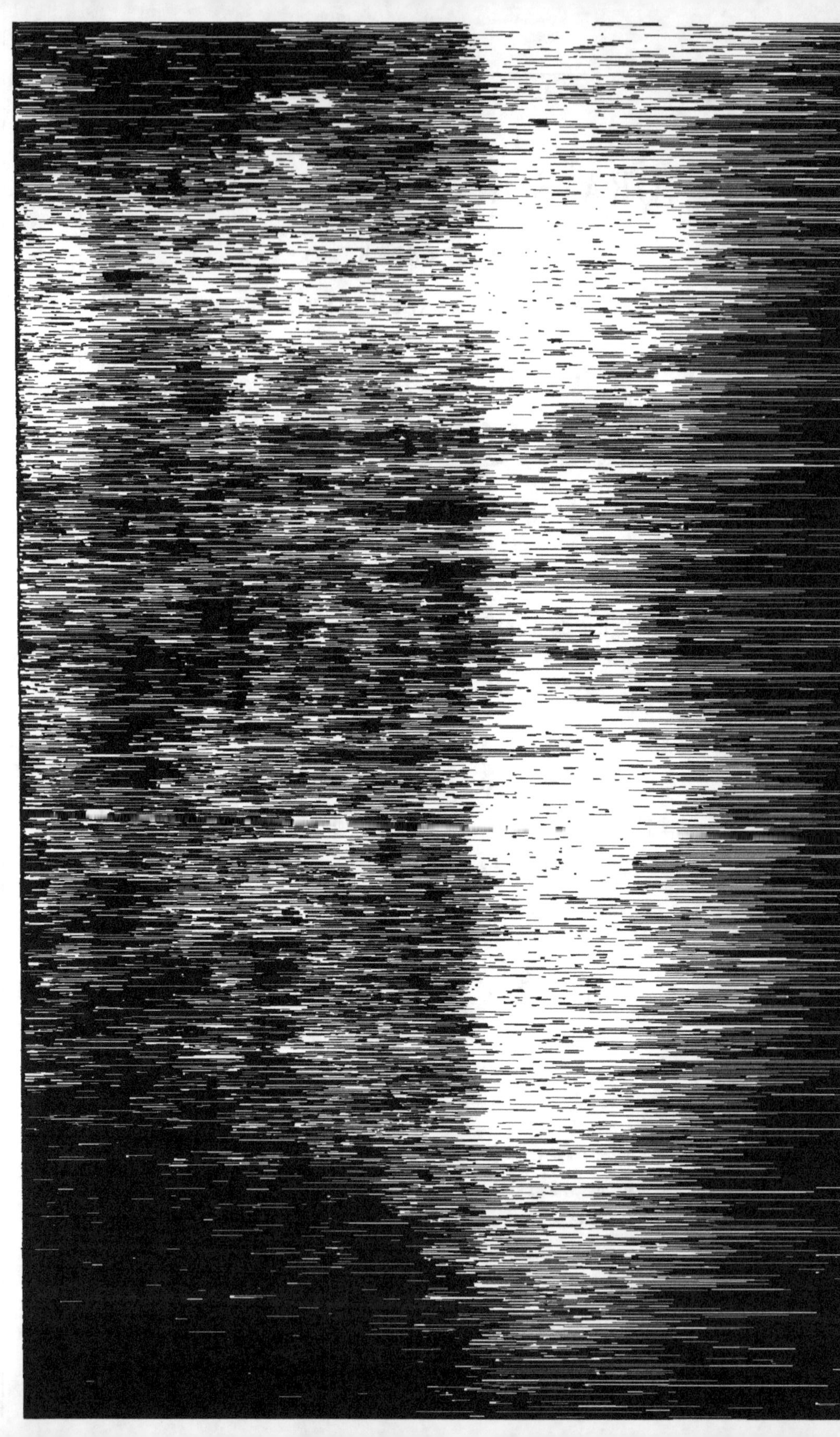

DÉPÔT LÉGAL

320

1866

ORAISON FUNÈBRE

DE SA GRANDEUR

Mgr PATRICE-FRANÇOIS-MARIE

CRUICE

Évêque de Marseille.

Ln 27.
92668.

MARSEILLE. — TYPOGRAPHIE Ve MARIUS OLIVE
Imprimeur de l'Évêché,
RUE PARADIS, 68.

ORAISON FUNÈBRE

DE SA GRANDEUR

MGR PATRICE-FRANÇOIS-MARIE

CRUICE

Évêque de Marseille

PRONONCÉE LE 22 NOVEMBRE 1866

Dans l'Église de Saint-Martin (Cathédrale Provisoire)

PAR M. L'ABBÉ

L. GUIOL

Vicaire Général de Marseille.

PARIS

ADRIEN LE CLÈRE ET Ce, LIBRAIRES-ÉDITEURS

IMP. DE N. S. P. LE PAPE ET DE L'ARCHEVÊCHÉ DE PARIS

rue Cassette, 29, près Saint-Sulpice.

1866

BIBLIOTHÈQUE ... IMPR.

Bonum certamen certavi.
J'ai combattu le bon combat,

II. Tim. IV, 7.

MONSEIGNEUR [1],

Cette parole du grand Apôtre exprime, avec une simplicité profonde, toute la destinée de l'homme sur la terre, la vocation de son activité et le noble emploi qu'il doit faire de la vie.

Vivre, en effet, c'est résister, c'est lutter, c'est se défendre sans relâche. C'est disputer son corps à de perpétuelles causes de destruction ; c'est gagner laborieusement à son âme le pain de l'intelligence ; c'est avoir affaire avec la douleur, avec le mensonge, avec les erreurs et les passions humaines, avec ses propres infirmités et ses continuelles faiblesses.

(1) Monseigneur Charles-Philippe PLACE, Evêque de Marseille.

D'un seul mot, vivre c'est combattre ; et aucun progrès, aucun bonheur n'est possible à l'homme s'il ne se résigne à accepter la lutte de tous les jours comme la condition de son succès et de sa puissance.

Job le disait autrefois avec tristesse : *militia est vita hominis super terram* (VII, 1.). « La terre est un champ de bataille, et la vie de l'homme est un combat. » C'est la loi de son existence, c'est la condition de sa nature.

Que faire donc pour que cette nécessité se change en gloire ? D'où viendra à l'activité humaine la noblesse de ses efforts et de ses travaux ? L'honneur du combat ne se tire pas de la quantité d'énergie qui s'y déploie, mais bien de la grandeur de la cause qu'on y défend. Sans cette sainteté du but, de quoi servirait-il de combattre ? et à qui profiteraient la force et le courage, si ce n'est aux misérables satisfactions de la cupidité, de l'orgueil, de l'égoïsme, c'est-à-dire à la désolation et au malheur de la vie ?

Au contraire, que ce soit l'amour de la justice qui arme les lèvres ou les mains ; que ce soit le zèle de la vérité qui enflamme l'intelligence ; que chaque pas de l'homme, ici-bas, soit marqué par un élan de son cœur vers le triomphe de tout ce qui a véritablement droit de régner sur les âmes : voilà le travail sérieux et utile de son existence ; voilà le bon combat que Dieu bénit ; voilà la gloire qui ne meurt pas et que l'éternité accueille dans ses splendeurs pour la couronner de son ineffable lumière !

Heureuse donc et trois fois heureuse la vie qui, en fuyant les rivages du temps, laisse pour adieu, à tous ceux qui la pleurent, la parole que saint Paul écrivait à Timothée avant de mourir : *Bonum certamen certavi.* « J'ai combattu le bon combat. »

L'éloge d'une telle vie se trouve fait d'avance. L'orateur n'a guère qu'à indiquer les diverses phases de la lutte. Il est dispensé de dire avec art. Il suffit qu'il raconte avec fidélité.

Cette pensée, M. F., encourage et console ma faiblesse. Elle sera mon soutien dans la mission auguste et difficile que je dois remplir aujourd'hui.

Il me faut louer devant vous, et louer, s'il était possible, d'une manière digne de lui, le Pontife vénéré dont l'Eglise de Marseille, à peine remise d'une semblable affliction, déplore la perte récente. Il me faut vous montrer, devant ces insignes de la mort, au milieu de tout cet appareil funèbre, quelle fut la vraie gloire et la solide grandeur de celui qui brillait naguère, avec tant d'éclat, sur ce siége illustre, devant cet autel sacré, dans cette même chaire d'où je vous parle, et qui nous a été si soudainement ravi !...

Heureusement pour ma douleur et mon insuffisance, je puis tout vous dire en un seul mot, et ce mot, c'est son âme sainte qui me l'envoie, à travers la tombe : *Bonum certamen certavi*. « J'ai combattu le bon combat. »

Dieu lui avait donné de merveilleuses aptitudes pour les grandes luttes de la foi, pour les travaux de la science et les dévouements du zèle. Ces aptitudes, il sut les rendre fécondes. Prêtre, Evêque, il fut soldat, et soldat infatigable. Il employa toutes les ardeurs de son âme à combattre l'incrédulité et l'indifférence, ces deux fléaux, ces deux lamentables indigences de notre temps. Le champ de bataille était vaste ; mais il y tint vaillamment sa place, et une place toujours digne, toujours honorée, dont je voudrais pouvoir vous montrer toute l'excellence, afin de vous porter à bénir le Seigneur avec moi de tout ce qu'il lui a plu d'opérer dans son Église par son fidèle serviteur, notre Révérendissime Père en Dieu,

Monseigneur *Patrice - François - Marie* Cruice ,
Evêque de Marseille.

Il n'entre pas dans ma pensée , M. F., de
présenter à vos regards les jeunes années de
notre bien-aimé Prélat. Je ne parlerai ni des
heureuses saillies de son naturel, ni de la sagacité de son esprit, ni de sa persévérante appli-
cation à l'étude. Une seule chose attire mon
attention parmi tant de qualités , si dignes pourtant d'être remarquées. C'est l'attrait du jeune
Cruice pour la piété , et sa tendre dévotion
envers le Cœur adorable de Jésus. Ce sentiment
animait en lui tout le reste : il donnait un charme
particulier à sa vertu , il servait à tempérer
l'impétuosité de son caractère, il communiquait
à ses pensées une élévation , une noblesse qui
devait être un jour l'honneur de son apostolat.
C'était une indication providentielle.

Quand Dieu prédestine une âme à quelque
grande mission, il a coutume de l'y préparer de
bonne heure, et de placer en elle , comme une
sorte de ressort caché, des tendances, des aspi-
rations auxquelles rien ne semble répondre dans
le présent , mais qui trouveront dans l'avenir
d'admirables consonnances. A voir ce petit

enfant formé à l'amour du Sacré-Cœur de Jésus par son excellente mère, par sa pieuse sœur, qui eût pu songer qu'il monterait un jour sur le siège de Belsunce, et qu'il aurait à gouverner un peuple si spécialement honoré des bénédictions du Cœur de Jésus ? Tel était pourtant le dessein de Dieu. Et cette secrète relation d'unité entre l'attrait de l'enfant et le ministère de l'homme, cette affinité lointaine, ce rapprochement inattendu, que l'ignorance appellerait volontiers un hasard, tout cela était au fond une des miséricordieuses harmonies de la Providence !

Marseille a hérité des prédilections du Sauveur pour la maison de Béthanie. Marthe et Madeleine ont apporté sur nos rivages les traditions de cette hospitalité qui fut leur gloire. Lazare, l'ami de Jésus, en a fixé le souvenir parmi nous, et ses travaux et son martyre nous ont légué l'espérance d'une faveur divine que les siècles ne lasseraient point. Depuis ce temps, en effet, l'histoire a pu voir se renouveler dans nos murs, sous la forme symbolique des événements, les touchantes attentions dont les murs de Béthanie eurent autrefois le spectacle. Le Sauveur aime toujours à visiter la demeure de Lazare. On dirait qu'il se plaît à venir s'y cher-

cher un ami dans le successeur de celui qu'il arrachait jadis à la mort. Quoi d'étonnant que cette amitié se prépare de loin dans le cœur de nos Évêques? Quoi d'étonnant que, longtemps d'avance, le germe en soit déposé dans leur âme pour y provoquer la culture de leur piété fidèle, et attendre l'heure de ses manifestations?

Mgr Cruice entendit, dès l'enfance, cet appel intérieur. Il eut le bonheur d'y répondre avec la générosité d'un dévouement sans réserve, et le Cœur de Jésus, qui voulait se servir de lui pour défendre l'Église, lui donna en retour deux qualités éminentes qui, sans jamais s'exclure, devaient cependant, l'une après l'autre, former la note dominante de sa vie : la science du docteur et le zèle de l'apôtre ; deux dons admirables, deux grâces excellentes qui caractérisèrent tour à tour son sacerdoce et son épiscopat.

Le premier travail de la Providence fut de former en lui cette alliance heureuse entre la ferveur et l'étude, entre la piété et les lettres, que les combats de la foi réclament plus que jamais aujourd'hui. *Pietati litteras adjunxit.* « Il a uni les lettres à la piété. »

Ce devait être là la devise d'une École célèbre. Ce fut d'abord celle du Fondateur que le Ciel avait choisi. Par cette union féconde il put s'aguerrir aux difficultés de la lutte, et préparer d'éloquents démentis aux ironiques provocations de l'incrédulité contemporaine.

Chaque siècle, M. F., a ses maladies morales. Le nôtre, personne ne voudra le nier, a, au moins, celle de la témérité et de la présomption. Il est audacieux, il est fier, il est vain. Il prend le bruit pour l'action. Il croit que détruire, c'est fonder ; et il espère se grandir en faisant des ruines. Quand, après de redoutables secousses, Dieu, qui veille sur lui sans cesse, veut le condamner à réfléchir ; pour se dérober à la remontrance divine, il cherche une philosophie à sa révolte, il raisonne avec sa folie, il s'irrite, il s'exalte, il lance contre Dieu lui-même des blasphèmes et des imprécations, comme ces barbares qui, dans leur colère, lançaient des flèches contre le Ciel.

Or, M. F., l'incrédulité la plus dangereuse n'est pas celle qui s'arme de la hache ou du glaive, ni celle qui a pour idole la frivolité ou le plaisir ; mais bien au contraire celle qui, se disant loyale et se croyant sérieuse , ose affirmer solennellement que le passé a été naïf et simple de croire à l'Évangile , que l'Église est l'ennemie de la science , l'obstacle à la civilisation , et que les découvertes modernes ne sauraient permettre désormais à la raison ni d'accepter le Symbole Catholique , ni même d'adorer Celui qu'une pieuse mais regrettable ignorance a, jusqu'ici, regardé comme un Dieu.

A ce défi de l'incrédulité savante, la vertu toute seule ne suffit pas. A cette persécution du dédain, il faut opposer autre chose que des martyrs mourant dans l'ombre. A ces anathêmes , à cette pitié railleuse d'une érudition égarée, il faut répondre par les monuments d'une érudition véritable, et montrer au monde que l'Église de Jésus-Christ sait mériter en tout temps les lauriers de la science aussi bien que les palmes de la sainteté.

Ainsi l'avaient compris de vénérables Évêques qui, dès les premières années de ce siècle, alors que l'Église de France se relevait à peine de ses ruines, formaient déjà le projet d'une École de hautes études, où le jeune clergé, retrouvant ses titres littéraires, pût se préparer

par de longs travaux et des méditations profondes aux luttes intellectuelles que le XVIIIe
siècle avait léguées à notre génération.

Cette pensée généreuse préoccupa longtemps
la sollicitude du Cardinal Fesch, de Mgr Frays-
sinous et de Mgr de Quélen. Plusieurs essais
furent tentés, à diverses reprises. Le zèle se
mit à l'œuvre plus d'une fois, mais le succès
refusa de couronner ses efforts. Toutes ces
tentatives furent vaines.

C'est que l'heure de la Providence n'était
point venue. Rien d'utile n'arrive, rien de grand
n'est possible sans cette heure, que le Ciel se
réserve ! et elle ne devait sonner que vers le
milieu du siècle, au plus fort de la mêlée des
esprits, au moment même où l'incrédulité se
croyait sûre de la victoire.

C'était en 1845. L'éclectisme était dans tout
l'éclat de sa puissance. Il avait les faveurs de l'o-
pinion. De brillants écrivains lui servaient d'or-
ganes. L'exégèse du naturalisme allemand, jus-
que-là peu connue en France, se disposait à passer le Rhin. Le futur auteur de la *Vie de Jésus*,
étudiait l'hébreu à Saint-Sulpice. La *grande
critique* allait paraître, et elle comptait bien
s'allier au panthéisme pour porter les derniers

coups à la révélation et à l'Église de Jésus-Christ.

Cependant, malgré ces prédictions et ces chants funèbres, la foi comptait parmi nous plus d'un vaillant défenseur. La tribune, la presse, la chaire avaient retenti des plus nobles accents. L'illustre Ravignan vivait encore. Lacordaire régnait à Notre-Dame. Les esprits étaient excités chaque jour par les bruyantes ardeurs de l'attaque, par la mâle énergie de la défense ; et c'est au milieu de ces graves et sérieuses agitations que l'École des Carmes fut fondée.

Son berceau fut placé sur la tombe des martyrs par la main d'un Pontife qui devait être martyr lui-même. L'héroïsme était ainsi appelé à protéger de son ombre les travaux de la science sacerdotale. L'histoire a vu cela bien souvent. Ce rapprochement est presque une habitude dans l'Église. Comme tous les sacrifices y naissent de la même foi, comme tous les dévouements y sont frères, il est naturel qu'ils aiment à se trouver près l'un de l'autre.

La chapelle des martyrs fut donc pour l'œuvre nouvelle un foyer de zèle et d'inspiration. Et, cette fois, le succès n'osa plus se montrer rebelle !

Quelques annés après, soixante et un licenciés ès-lettres sortis de l'École des Carmes, occu-

paient, dans plus de trente Séminaires ou Col-
léges ecclésiastiques, les chaires de l'enseignement
supérieur. Des thèses savantes, justement ad-
mirées par leurs propres juges, avaient mérité à
plusieurs les honneurs du Doctorat. L'impulsion
était donnée, et l'ébranlement devait s'en faire
ressentir au loin.

Aux suffrages de l'Épiscopat Français vinrent
se joindre d'autres suffrages, non moins hono-
rables, partis de l'étranger.

L'archevêque de Québec adoptait l'École des
hautes études comme l'École normale de l'Université nouvelle du Canada. Le docteur Newman,
Recteur de l'Université catholique d'Irlande, présentait les travaux et les succès de cette École
comme un digne sujet de généreuse émulation.
La célèbre Université de Munich ajoutait à tant
de félicitations le poids de ses propres éloges, et
son Recteur, par une attention délicate, envoyait
au Supérieur de l'École des Carmes un diplôme
spécial, et lui écrivait ces remarquables paroles :

« L'École, à laquelle vous présidez, a donné
« des preuves si variées et si brillantes de l'es-
« prit qui l'anime, qu'on a droit de désirer
« qu'elle noue des relations avec les institutions
« analogues, hors des frontières de France. »

Ce qui justifiait cet empressement fraternel, c'était la valeur hautement reconnue, la portée sérieuse des travaux de l'École.

Cultiver les lettres, cueillir des palmes académiques, c'eût été au fond peu de chose, si, en fournissant d'utiles moyens d'action à la pensée, on n'eût en même temps dirigé ses efforts vers les grandes questions du temps.

L'habile et pieux fondateur connaissait trop bien son époque pour priver la controverse religieuse des ressources que pourraient lui offrir les esprits d'élite réunis autour de lui, et dont Dieu l'avait fait l'inspirateur et le guide.

Par ses soins, par ses conseils, sur son exemple, des faits peu connus, des documents précieux de l'antiquité chrétienne furent étudiés avec la plus laborieuse sagacité, et la science put s'enrichir de magnifiques ouvrages.

Un manuscrit grec, récemment découvert, dont la traduction et l'annotation seules auraient suffi à illustrer la vie d'un savant, devint, pour l'abbé Cruice, l'occasion des études les plus profondes et des résultats les plus heureux pour l'honneur de notre foi.

L'éclectisme s'en allait répétant chaque jour que la Religion chrétienne n'avait été à son origine qu'un simple progrès de la raison humaine, destiné à disparaître plus tard devant des progrès nouveaux ; qu'elle s'était formée naturellement du mélange du Judaïsme avec la philosophie Grecque ; que dès lors il était aisé d'expliquer comment elle avait pu être si promptement acceptée par le monde payen.

Or, il fut démontré, par les travaux du savant Supérieur, que ce mélange de la philosophie Grecque avec le Judaïsme avait commencé plus de deux cents ans avant l'Ère Chrétienne, dans l'École Juive d'Alexandrie ; que cette célèbre École, dont les derniers représentants furent Josèphe et Philon, déploya de prodigieux efforts pour faire accepter aux Grecs les principaux enseignements des Livres Saints ; mais que ces efforts furent stériles.

Aucune ville Grecque ne se laissa persuader. Aucune croyance payenne ne fléchit devant cette science et ce prosélytisme.

Et quand l'évidence inexorable de cette impuissance eut été définitivement acquise à l'histoire, il arriva ce phénomène étrange, que douze pauvres bateliers de la Galilée, sans études, sans littérature, sans art, firent en vingt ans ce que toute l'éloquence des Juifs hellénistes n'avait pu accomplir en trois siècles ! Évidemment, c'est que Dieu lui-même s'en était mêlé. L'action divine avait dû intervenir pour suppléer à l'insuffisance radicale des moyens humains.

Donc, au nom de la logique appuyée sur l'érudition, le Christianisme ne pouvait pas être de simple formation humaine !

Cette conclusion loyale et lumineuse, fruit d'un noble et religieux travail, qu'il me soit permis, M. F., de la déposer, comme une couronne que la mort a rendue sacrée, sur ce cercueil que notre douleur et nos regrets environnent !

Celui que la victoire usait ainsi avant l'heure, cet athlète de la vérité, ce martyr de la science pouvait s'endormir en paix dans sa tombe trop tôt ouverte. Comme saint Paul, il pouvait dire : *Bonum certamen certavi.* « J'ai combattu le bon combat. J'ai gardé, j'ai défendu la foi, » *fidem servavi.* « Je puis espérer la couronne de justice que Dieu réserve à ses serviteurs ! » *In reliquo reposita est mihi corona justitiæ !*

Mais cette couronne, M. F., devait briller encore pour lui d'un autre éclat, non moins radieux. Avec l'incrédulité, notre Prélat bien-aimé combattit aussi l'indifférence. Et cette partie la plus militante de sa vie doit nous être d'autant plus chère, qu'elle s'est écoulée au milieu de nous et qu'elle a eu notre admiration pour témoin. C'est ce qu'il faut maintenant que je vous rappelle.

Déjà, pendant qu'il était absorbé dans les travaux de l'enseignement et de l'étude, son zèle avait su se réserver de secrets instants pour le ministère des âmes. Plus d'une fois, l'Apôtre s'était révélé sous le Docteur. La chaire de Notre-Dame-des-Victoires a retenti souvent des accents de sa piété filiale envers Marie Immaculée. L'Église des Carmes a gardé le souvenir des conférences, si religieusement écoutées, qu'il faisait aux ouvriers, après la révolution de 1848. Il trouvait encore le temps de visiter les pauvres et les malades, et les hôpitaux de Paris pourraient citer plus d'un trait admirable de son industrieuse charité.

Mais, ce qui fait peut-être le plus d'honneur à son zèle, c'est l'excellent esprit qu'il savait inspirer à ces jeunes gens nombreux qui

venaient demander à l'École des Carmes l'instruc-
tion exigée pour leur admission à l'École Poly-
technique ou à l'École de Saint-Cyr.

Il leur avait donné pour devise ces deux
mots, qui résument tout : *Religion et honneur ;*
et pour maxime, ce vieil adage de nos pères :
Fais ce que dois, advienne que pourra ; et il tra-
vaillait, avec l'autorité et l'éloquence du dévouement, à leur inculquer ces convictions
fortes et sérieuses qui sont la meilleure noblesse
des consciences et la seule lumière indéfectible
de la vie. Ses efforts furent consolés, il nous souvient de le lui avoir quelquefois entendu dire,
par l'attachement profond que ses élèves lui
avaient voué, et par les témoignages de respect
et d'affection qu'ils aimèrent toujours à lui rendre.
L'École des Carmes a de nombreux représentants parmi ces officiers français qui sont
l'honneur de la patrie, et un Ministre du Gou-
vernement, voulant attirer sur le Fondateur de
cette École l'attention du Chef de l'État, pouvait
dire de lui : « Sire, il a donné plus de cent officiers à l'armée. »

L'Église de Marseille était veuve. Elle venait
de perdre un Pasteur dont le noble caractère et

l'apostolique fermeté avaient illustré pendant vingt-quatre ans le siége de Lazare. L'héritage de vertus, de mérites, de riches souvenirs, d'œuvres admirables que laissait après lui ce grand Évêque, rendait les esprits soucieux et justifiait de légitimes sollicitudes.

Comme toujours la prière de Marseille monta vers le Cœur de Jésus, et les espérances de sa piété ne furent point vaines. Le Cœur de Jésus écouta les désirs de son peuple. Il se souvint du serviteur fidèle qu'il s'était réservé depuis longtemps. Mgr Cruice fut élu.

Faudrait-il raconter ici, M. F., les splendeurs de son entrée solennelle? Faudrait-il essayer de décrire cet empressement d'une grande cité catholique, cet acte de foi de tout un peuple accourant en foule au-devant de son Évêque pour contempler ses traits augustes et recevoir sa première bénédiction? ... Hélas!... ce récit brillant, qui donc aujourd'hui oserait l'entreprendre?... Il y a à peine cinq ans de cela !... et voilà que cinq semaines seulement nous séparent du jour où la dépouille mortelle de ce Pontife vénéré reprenait parmi nous le même chemin qu'il avait parcouru dans son triomphe!... Elle était reçue à la même gare, par le même clergé, par les mêmes fidèles ! Elle était entourée des mêmes honneurs et des mêmes hommages ! Seulement... l'aspect était changé !... La solennité avait gardé sa majesté et sa pompe, mais elle avait perdu son éclat ! Le deuil avait pris la place de la gloire,... et deux pensées seulement restaient à notre douleur : la pensée du néant des grandeurs humaines et la pensée de l'éternité !... Divine éloquence de la foi ! Ce que nous appelons la mort, n'est qu'une simple évolution de la vie, *vita mutatur*, *non tollitur*. Nous pleurions un pasteur enlevé à notre amour. La foi bénissait nos larmes ; mais en même temps elle nous faisait apercevoir, au delà du tombeau, dans la possession désormais immortelle de ses mérites, celui que nous avions perdu ! Nous pouvions gémir, mais nous devions espérer ; nous devions surtout nous instruire à la lumière de ses vertus et de ses exemples.

A son arrivée au milieu de nous, Mgr Cruice, dans sa première allocution, avait promis d'être le *serviteur infatigable des âmes*.

Cette parole de son zèle, qui ne sait combien il l'a religieusement tenue ? On le vit, dès les premiers jours, se prodiguer et se répandre. Il voulait être à tout et à tous. Les préoccupations de la charité, de la science, de la discipline, de la vigilance pastorale remplissaient son cœur et se disputaient sa pensée. Les œuvres se pressaient et se multipliaient sous sa main :

Institution des Conférences ecclésiastiques, érection de Paroisses nouvelles, d'Établissements nouveaux pour l'enseignement classique ou commercial et industriel; — Création de l'OEuvre des Séminaires, fondations de Missions paroissiales, de Congrégations pour la jeunesse, de Fourneaux économiques pour les indigents et les travailleurs; — Visites fréquentes dans les Églises, dans les Communautés, dans les Maisons d'éducation, parmi les ouvriers, parmi les pauvres; — Prédication de retraites, allocutions nombreuses, mandements pieux et savants;....... c'étaient là, M. F., les traits habituels de cette vie épiscopale que nous avons tous connue. C'est par de tels moyens que Mgr Cruice avait entrepris de seconder la piété de son peuple, d'augmenter sa foi et de la préserver des ravages de l'indifférence.

J'abandonne ces détails à votre religieux souvenir. Chacun d'eux porte avec lui l'évidence de son mérite et de sa valeur; et vouloir

en essayer l'éloge serait peut-être plus difficile encore que superflu et téméraire.

Mais, il y a un autre caractère que je dois
signaler à votre attention dans cet Épiscopat
déjà si dignement rempli, malgré sa courte du-
rée; il y a une destination privilégiée dont la
grandeur a projeté sur ces rapides années de
notre histoire un éclat exceptionnel et impéris-
sable, une splendeur digne de rivaliser avec la
splendeur des plus beaux jours de l'Église.

Votre cœur, M. F., a sans doute déjà deviné
ma pensée. Vos souvenirs se reportent d'eux-
mêmes à ces fêtes solennelles dont vous fûtes
les heureux témoins, et votre piété envers Marie
Immaculée salue avec une vénération reconnais-
sante ce Pontife à qui il fut donné de préparer
et d'accomplir en son honneur de si beaux
triomphes.

Non loin des murs de notre ville s'élève une
humble colline, dont les flots de la mer baignent
les pieds, et sur le sommet de laquelle le Ciel,
depuis des siècles, a laissé tomber une de ses
fleurs. Depuis des siècles, les Anges vénèrent ce

lieu béni ; la foi des pèlerins en sait la route, et la reconnaissance des âmes y salue avec amour la Vierge Marie sous le nom simple et doux de *Notre-Dame de la Garde.*

C'est de là, c'est de ce mystérieux asile que descendent, pour chaque affliction, les ·célestes consolations de l'espérance.

Quand Marseille gémit, quand elle souffre, quand elle pleure,... c'est vers sa chapelle de prédilection que se tournent ses yeux et son cœur. Elle sait que le Cœur de Jésus lui réserve, en cet endroit, des trésors inépuisables de tendresse. Car, Jésus qui est venu aux hommes par Marie, désire que les hommes s'adressent à lui par elle. Sa piété filiale se plaît à couronner ces prières intelligentes, et c'est, pour notre Cité, un des meilleurs gages de son amour que d'avoir enseigné à nos pères ce secret d'arriver à lui, d'avoir choisi lui-même le lieu préféré de ses audiences divines, et d'avoir confié à nos Évêques le soin d'embellir, et, quand l'heure serait venue, de reconstruire ce sanctuaire dont il se réservait à lui-même d'étendre au loin la gloire et l'honneur.

Elle arriva enfin l'heure de cette reconstruction si impatiemment attendue. Elle trouva, sur le siége de Marseille, ce courageux Prélat que les grandes entreprises avaient le don d'attirer à elles par leur grandeur même, et que les obstacles ne rebutaient point.

Le 11 septembre 1853, après avoir triomphé de difficultés inouïes, Mᵍʳ de Mazenod posa solennellement la première pierre du monument futur. Bientôt les premières assises s'élevèrent. La crypte fut promptement terminée. Des murs de marbre dessinèrent la forme austère et gracieuse de l'Église supérieure. Mais, il ne devait pas être donné au Pontife restaurateur de voir s'achever l'édifice sacré. Il était écrit, dans les desseins de Dieu, qu'une pareille œuvre occuperait la vie de plusieurs Évêques. Mᵍʳ Cruice lui-même, malgré les succès inespérés que nous allons décrire, devait léguer à son successeur d'autres embellissements, d'autres magnificences pour l'avenir, et la chapelle de Marie était destinée à passer ainsi d'un épiscopat à l'autre comme un riche héritage de gloire.

A l'arrivée de Mᵍʳ Cruice, les travaux de reconstruction, provisoirement suspendus, reprirent avec vigueur. Sa première lettre pastorale faisait appel à la charité de Marseille en faveur du sanctuaire. Le nouveau Pasteur élevait la

voix « pour plaider, disait-il, la cause de la
« plus tendre des Mères auprès des plus géné-
« reux de ses enfants. »

Cet appel trouva sans peine parmi vous,
M. F., des échos puissants et magnanimes, et
votre ardeur, et votre élan, et vos généreuses
largesses apprirent à votre Évêque que sa piété
pouvait oser de grandes choses, avec un peuple
comme vous !

Un an après, vous l'accompagniez en foule
sur la colline sainte. Il allait consacrer son
Diocèse au Cœur Immaculé de Marie. Il voulait
faire de vos âmes un temple digne des com-
plaisances de cette bonne Mère; un temple
sublime et immortel, dont l'édifice qui s'élevait
ne pouvait être que l'image. — Et l'année sui-
vante, au premier anniversaire de ce beau jour,
une manifestation éclatante de votre foi récom-
pensait ses efforts et son zèle.

Un triomphe splendide qu'il avait préparé
avec vous, un cortége brillant et immense ac-
compagnait à Notre-Dame de la Garde, à travers des milliers de spectateurs, les reliques des
Saints du Diocèse. Est-il besoin de vous rappeler,
M. F., l'enthousiasme, les pompes, les émo-
tions profondes de cette mémorable journée

dont nous disions tous que Marseille n'en avait jamais vu de semblable, et dont il nous paraissait impossible que l'éclat pût être dépassé? Et pourtant, cet éclat si radieux et si vif n'était rien ou presque rien encore !

Une plus grande gloire était réservée, et quelques mois après seulement, à notre catholique cité. Un triomphe plus beau devait couronner l'achèvement et la consécration du nouveau sanctuaire de Marie. Une consolation mille fois plus précieuse attendait le Pontife que le Cœur de Jésus avait prédestiné à une si belle mission.

Il y eut donc un jour, M. F., où, sur les pas de cinquante Prélats étrangers, plus de cent mille voyageurs, accourus de tous les points de la France et du monde, arrivèrent dans nos murs. Ils venaient assister à cette grande solennité qui portera dans nos annales, sans autre désignation nécessaire, le nom désormais historique de *Fête du 5 juin*. Ils venaient voir ce que c'est qu'un pays de foi. Ils venaient s'édifier ou s'instruire. Ils étaient hommes de leur temps. Plus d'une fois sans doute, ils avaient dû rencontrer sur leur chemin, coudoyer peut-être l'incrédulité ou l'indifférence. Ils avaient entendu les clameurs de ces impies qui répètent aujourd'hui, comme au temps de David : Guerre à la foi et guerre à Dieu ! Supprimons les fêtes et les temples ! « Qu'il ne soit plus question sur la terre des solennités du Seigneur ! » *Quiescere faciamus omnes dies festos Dei à terrâ.* (1)

Ces blasphèmes, ces insolentes menaces avaient attristé leur honneur chrétien et français, et ils voulaient voir s'il était vrai que cette indifférence, dont tant de voix chantaient le règne, eût réussi partout à glacer le zèle et à paralyser les cœurs.

Ils vinrent donc, et, pour leur répondre, la Providence de Dieu les mit en présence du sublime spectacle que, ce jour-là, la terre donnait au Ciel !

Il vous souvient, M. F., de l'aspect brillant et splendide que présentait notre grande ville, de ces apprêts majestueux, de cette population frémissante, de cette publique impatience de la piété et de la joie.

______

(1) Ps. LXXIII, 8.

Il vous souvient de ces dix-huit mille processionnaires, arrivant, en cinq cortéges différents et successifs, aux pieds de la statue de Marie, développant leurs groupes élégants et riches, déroulant leurs files immenses sous les regards, sous la bénédiction de cinquante Pontifes rangés en chœur au-devant de l'Image vénérée.

Rappelez-vous cette foule innombrable et avide qui emplissait les rues, et ces chants, ces cantiques, ces cris d'enthousiasme qui emplissaient les airs.

Et quand, après un parcours de plusieurs heures, la procession arriva sur la colline; quand elle eut pu garnir l'espace vide qui lui avait été réservé; quand la multitude, qui suivait les derniers rangs du dernier cortége, eut réuni ses flots pressés aux flots déjà amoncelés de cette autre multitude qui bordait les escarpements, occupait les hauteurs, couvrait toutes les pentes; quand, enfin, aux premières ombres du soir, sous les rayons du soleil couchant, la statue de la *Bonne Mère*, gravissant à son tour la sainte colline, dominant ces milliers de têtes inclinées, au-dessus desquelles sa forme aérienne glissait avec grâce, fut sur le point d'atteindre la plate-forme où s'élevait son trône... alors une explosion universelle de bonheur, de joie, d'ivresse, d'acclamations ardentes, une explosion indescriptible ébranla tous les échos de la montagne ! On eut dit qu'une création nouvelle sortait du néant ! Toute cette foule, tout ce peuple immense n'avait plus qu'une seule âme, une âme radieuse et sonore... La montagne était vivante, et elle chantait !... Elle chantait vos louanges, ô Marie ! Elle chantait vos miséricordes et votre amour !... C'était Marseille aux pieds de sa Mère !... C'était une entrevue avec le Ciel !... C'était, pour chaque cœur, un éclair divin de l'éternité.., une lueur ineffable de cette vie pure et brillante que doivent mener les Anges !...

Gloriosa dicta sunt de te, Civitas Dei ! « Cité de Dieu, on a exalté vos merveilles ! (1) »

C'est de vous, ô Marie !... c'est de toi, ô Marseille ! que ces paroles ont été dites ! Ta Bonne Mère a étendu sur toi les rayons de sa gloire ; elle t'a couverte de sa propre splendeur, et la journée de son triomphe est devenue la date la plus illustre de tes annales... et ton 5 *juin* ressemblerait presque, par son éclat, à une page détachée de l'histoire des Cieux, si une tristesse

______

(1) Ps. lxxxvi, 3.

amère n'était venue se mêler à ton enthousiasme !...

Celui qui avait préparé cette fête immortelle,
celui qui en fut l'inspirateur puissant, l'apôtre
industrieux et infatigable, notre pieux et saint
Evêque......, nos yeux, nos cœurs l'eussent
cherché vainement au milieu de ces pompeuses
cérémonies ! Sa place était vide !... ses forces
l'avaient trahi !...

Les premières atteintes d'un mal affreux,
encore sourdes et ignorées, avaient appesanti
ses pas et voilé son noble front d'un nuage
sombre ! Il put à peine être le témoin d'un
spectacle dont il devait être le héros !.... On
l'avait transporté au sommet de la montagne.
Il put voir et il put entendre ! Son âme, ou-
bliant sa douleur, surabondait de consolation
et de joie, et Marie lui obtint la grâce d'ajouter
lui-même le dernier trait à cette scène à jamais
mémorable !

Quand les prélats furent rassemblés au-devant du sanctuaire, quand la statue de la *Bonne
Mère* fut reposée sur son trône, d'une voix re-
devenue vibrante et forte, il put consacrer encore
une fois sa chère Église de Marseille à la Vierge
Immaculée. Ce fut son dernier acte public et

solennel... Ce devait être son suprême adieu!...

A partir de ce jour, il ne fit plus que languir. Quelque temps après, le mal éclatait avec violence. L'auguste malade était frappé sans retour!

Alors commença pour lui cette longue suite de douleurs, dont aucune langue ne saurait décrire les déchirements et les angoisses.

Être garrotté par l'impuissance, être enchaîné dans sa mémoire, dans sa parole, dans ses mouvements; assister à la décomposition lente et graduelle de ses forces; habiter, vivant, parmi les ruines de son intelligence; entendre parfois la mort s'approcher, et ne pas mourir!... quelle agonie!... Et ce fut la sienne pendant vingt mois!...

Vous étiez avec lui sur ce calvaire, ô Marie! ô Bonne Mère! ô vous qu'il a tant aimée!... Vous souteniez sa patience; vous encouragiez sa foi!... Et, parce que Dieu n'envoie de grandes souffrances qu'aux grandes vertus, vous aidiez votre serviteur à souffrir encore davantage, pour lui faire obtenir une plus riche couronne. Dans ses amertumes, dans ses délaissements, dans ses défaillances, vous lui présentiez le Cœur de Jésus percé du glaive, et par là, vous l'animiez au sacrifice!... Vous lui parliez de la patrie future... vous lui montriez le Ciel... ce Ciel où vous régnez , et dont toutes les splendeurs d'ici-bas ne sont pas même une ombre fugitive !

Et maintenant que les chaînes de son exil sont brisées..., maintenant que son âme est entrée dans le mystère de l'éternité... ô Marie , hâtez-vous de mettre en ses mains la palme du guerrier qui a combattu le bon combat sur la terre !

Reine des Apôtres , Reine des Martyrs, couronnez ce Pontife intrépide qui a lutté et qui a souffert pour la gloire de Votre Fils. Couronnez sa science fidèle et sa piété généreuse !

C'est l'Église de Marseille , c'est votre ville de prédilection, ce sont vos enfants, c'est leur reconnaissance et leur douleur qui implorent votre bonté puissante ! Nous savons que le Cœur de Jésus ne refuse rien à votre voix... Déjà nous avons senti dans le nouveau don qu'il nous a fait, votre intervention maternelle. Nous ne sommes plus orphelins ! Un père nous a été donné, à la place de celui que nous pleurons. Jésus nous a rendu Lazare, et Marseille a retrouvé son pasteur et son guide ! O Marie, ce choix est encore votre ouvrage, et nos Évêques sont vraiment vos élus bien-aimés !

Divine Mère, vous achèverez l'œuvre de votre miséricordieuse tendresse. En bénissant l'apostolat qui commence, vous aimerez à introduire dans la gloire, si déjà il n'y est entré, l'Apôtre qui vous fut si cher ! Malgré notre deuil, nous trouverons du bonheur à songer à sa récompense éternelle..., et les larmes de notre affliction, sous votre doux regard, se changeront en larmes d'immortelle espérance ! Ainsi soit-il !

Marseille. — Typ. Vᵉ Marius OLIVE

BIBLIOTHEQUE NATIONALE DE FRANCE

3 7502 01048458 4

www.ingramcontent.com/pod-product-compliance
Lightning Source LLC
Chambersburg PA
CBHW061640060726
47597CB00005B/1972